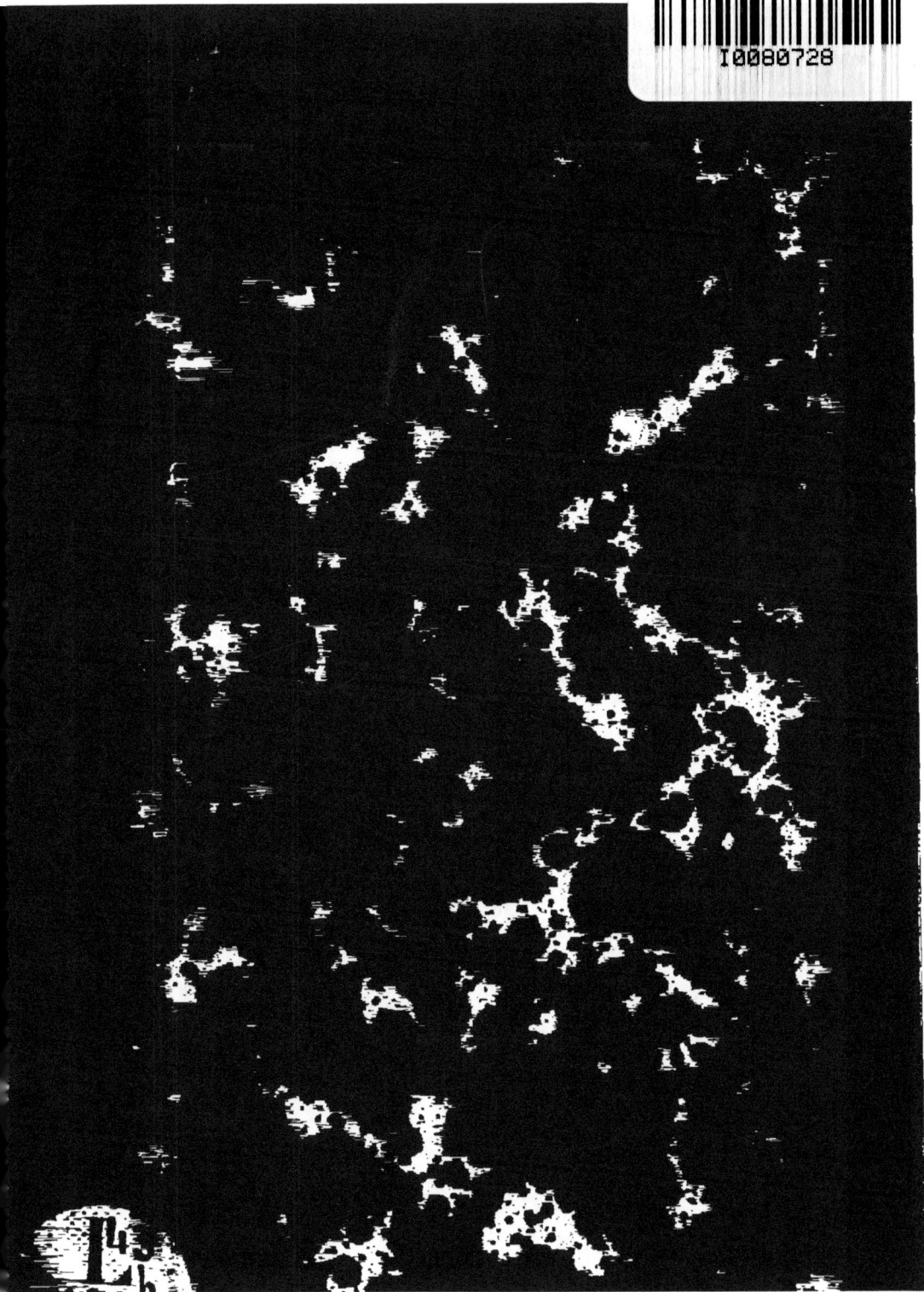

# PROCÈS-VERBAUX

## DES FÊTES

DES 17 ET 18 BRUMAIRE AN 10,

ET DE L'INAUGURATION

## DU BUSTE DE BONAPARTE

A AUXONNE:

ADRESSE AU PREMIER CONSUL,

DISCOURS ET COUPLETS A CETTE OCCASION.

*Imprimés d'après le vœu du Conseil municipal de ladite ville, et sur la demande ,des citoyens, approuvés par arrêté du Préfet de la Côte-d'Or.*

———————————

A DIJON,

DE L'IMPRIMERIE DE L. N. FRANTIN,

AN 10.

# EXTRAIT

## DES REGISTRES DES ARRÊTÉS

## DE LA MAIRIE D'AUXONNE.

CEJOURD'HUI, 17 brumaire an 10 de la République française, heure de trois après midi, nous Maire et Adjoints de la ville d'Auxonne, réunis aux Fonctionnaires publics, civils et militaires de cette ville, avons procédé, en la grande nef du temple, à la distribution solemnelle des prix aux élèves des classes de langues et des écoles primaires de ladite ville, d'après les décisions du jury d'examen nommé par arrêté du deuxième jour complémentaire an 9.

La séance a été ouverte par la lecture donnée par le secrétaire en chef de l'extrait du procès-verbal de la session ordinaire du Conseil municipal de cette ville en l'an 9, séance du 19 pluviôse, portant le vœu émis par le Conseil, que des fonds fussent faits pour l'envoi aux écoles primaires, de douze enfans mâles, nés à Auxonne, et pris dans la classe des indigens ; approuvé par arrêté du Préfet de la Côte-d'Or, du 4 messidor an 9, et de l'arrêté du 2 thermidor 9, approuvé par le Préfet, le 16 vendémiaire 10, relatif à l'exécution de ladite délibération.

Le Maire a prononcé un discours analogue, et les prix ont été distribués au bruit des fanfares, ainsi qu'il suit :

### Première classe de langues.

Le premier prix de thême a été décerné à *François Lefranc* cadet, de Flamerans ; le second, tiré entre *Antoine Roussot*, d'Auxonne, et *Joseph Lavé*, de Salins, a été gagné par ce dernier ; *Jean Caire*, d'Auxonne, a obtenu l'*accessit* (1).

Le premier prix de version a été décerné à *François Lefranc* cadet.

Le second à *Jean Caire;* l'*accessit* à *Antoine Roussot.*

――――――――――――――――――――

( 1 ) Avec chaque prix, l'Elève reçut une couronne de feuillage différenciée par les rubans : le ruban des premiers prix étoit bleu ; celui des seconds prix, rouge, et le ruban des *accessit*, blanc.

Le prix d'exercice a été décerné à *Jos. Lavé*, et l'*accessit* à *François Lefranc*.

### Seconde classe de langues.

Le premier prix de thême a été mérité par *César Blondel*, de Fontaine-Française.

Le second et l'*acccessit* n'ont été mérités par personne.

Le premier prix de version a été mérité par *Sébastien Désert*, de Dijon.

Le second par *César Blondel ;* et l'*accessit* par *Sébastien Vaissier*, de Menotey.

Le prix d'exercice et de géographie, tiré par *Sébastien Désert* et *Sébastien Vaissier*, est échu à ce dernier ; *César Blondel* a obtenu l'*accessit*.

### Troisième classe de langues.

Le prix de thême a été donné à *Jean-Baptiste Baille*, d'Auxonne.

Celui de version, à *Maurice Jouffroy*, de Dole.

Celui de composition, à *André Redoutey*, d'Auxonne ; et l'*accessit* à *Cl.-Nic.-Mar.-Ferdinand Amanton*, d'Auxonne.

Le prix d'exercice a été donné à *Jean-*

*Baptiste Bergere,* d'Auxonne ; et l'*accessit* à *Pierre Mignotte,* d'Auxonne.

Le prix de sagesse de ces trois classes (1) a été adjugé par les écoliers eux-mêmes, et au scrutin, à *François Lefranc* cadet.

## Écoles primaires.

Le premier prix d'écriture a été obtenu par *François Lua,* d'Auxonne, élève du cit. *Berton ;* le second par *Claude Chenot* cadet, d'Auxonne, élève du cit. *Trécourt* père ; l'*accessit* par *Martin Dulairy,* de Chevigny, élève du cit. *Corette.*

Le premier prix de principes d'écriture a été obtenu par *Barthelemi Charriere,* d'Auxonne, élève du cit. *Saragenet ;* le second à *Claude Laurain,* d'Auxonne, élève du cit. *Corette ;* l'*accessit* par *Ant. Berton* fils, d'Auxonne, élève de son père.

Le prix de mémoire a été obtenu par *Antoine Berton* fils.

Des discours de remerciemens ont été prononcés par *François Lefranc* cadet, et *Cl.-Nic.-Mar.-Ferdinand Amanton* fils.

---

(1) Tenues par le cit. Rapoud, ancien professeur des collèges de St. Maur.

Les élèves ont été invités à la fête du lendemain , où un rang leur étoit assigné, et d'y paroître décorés de toutes les cou-ronnes (1) qu'ils avoient obtenues.

Le Maire a prononcé le discours de clôture.

La séance a été levée , le cortège est rentré à la mairie , au bruit des fanfares.

Les élèves ayant obtenu des premiers prix , ont été reconduits chez leurs parens par leurs camarades et la musique.

Dont procès-verbal. *Signé au registre ,* Cl.-X. Girault, Maire. C.-.N. Amanton, premier Adjoint. Gille, second Adjoint. Carré, Commiss. de Police. Et Roussel, Secrétaire en chef.

*Discours du Maire d'Auxonne à l'ouverture de la séance de la distribution des prix.*

Citoyens,

Vous avez été les témoins des efforts

_____

(1) François *Lefranc* cadet a lui seul obtenu quatre couronnes, et César *Blondel* trois.

publics (1) des jeunes adeptes de l'instruction pour justifier de leurs études et de leurs travaux de l'année, des soins et des talens de leurs professeurs et maîtres; et vous avez applaudi aux uns, et donné de justes éloges aux autres.

Ces suffrages publics suffiroient à l'homme fait; mais il faut aux enfans des récompenses visibles, qui puissent constater les applaudissemens qu'ils ont obtenus, et elles se trouvent dans les prix accordés par le Conseil municipal de cette ville (2).

Ces objets de l'émulation des jeunes-gens leur deviennent honorables par la solemnité apportée dans leur distribution : vous la rendez respectable par votre réunion, citoyens de tous les rangs et de tous les âges, vous sur-tout Fonctionnaires publics, civils et militaires, qui, secondant les vues du gouvernement pour les plus grands progrès de l'instruction, honorez cette cé-

---

(1) A l'exercice public du 10 vendémiaire 10.

(2) A sa dernière session annuelle, le Conseil municipal d'Auxonne vota un fonds de 150 francs, pour être employés aux prix à décerner aux Elèves de l'instruction publique.

rémonie de votre présence ; vous y ajoutez
singulièrement d'intérêt, vous, pères de
famille qui venez voir couronner les études de vos enfans, et répandre des larmes
de joie et de sensibilité à la proclamation
de leurs succès.

Si tous les concurrens avoient des récompenses, les prix cesseroient d'être un signe
de distinction, et ne rempliroient pas le
but d'émulation qu'on se propose : il ne
suffit pas, pour obtenir les couronnes, d'a-
voir un peu mieux fait que ses émules, il
faut encore avoir bien fait, et c'est par-là
seulement qu'on peut se rendre digne du
prix. Nous avons à regretter qu'un de ces
prix n'ait été méité par personne ; ce sera
doubler les regrets que de nommer l'ouvrage
qui y étoit destiné : c'est la vie de ce jeune
Héros qui, après avoir fait retentir l'Europe et l'Afrique de l'éclat de ses victoires,
vient d'assurer à la république française la
paix avec toutes les puissances de la terre ;
c'est l'histoire de cet homme immortel au-
quel Auxonne consacre demain un monument de sa reconnoissance.

Cet ouvrage auroit dû régulièrement être
réservé pour prix de l'année prochaine ;

mais il étoit dans nos intentions de le répandre, et de ne pas en priver les élèves,
il a été converti en prix de sagesse, que les
écoliers du cit. Rapoud, eux-mêmes, ont
décerné.

C'est un devoir bien flatteur à remplir,
d'avoir des éloges à donner aux instituteurs et aux étudians : les classes de langues connues par le zèle éclairé, et l'a-
ménité du professeur estimable qui les di-
rige, se sont distinguées cette année par
des cours sur la poésie française, sur la
géographie, et par le choix des auteurs
mis entre les mains des élèves ; les vies des
hommes illustres de l'antiquité fournis-
sent des exemples propres à former le cœur
de la jeunesse en même temps qu'elles of-
frent des modèles pour le style ; le jour
n'est pas éloigné, sans doute, où nous
n'irons plus chercher dans des temps recu-
lés les ouvrages de ce genre, mais Héro-
dote et Tacite composèrent dans les loisirs
de la paix leurs immortels ouvrages.

Les instituteurs des écoles primaires sont
recommandables par leur assiduité, leur
douceur à instruire le premier âge ; leur
conduite honnête et morale est une leçon

vivante de l'exemple joint au précepte; et nous devons applaudir au choix des pensées qu'ils mettent sous les yeux de leurs écoliers pour modèle de l'art d'écrire.

Quant aux élèves des différentes classes, loin d'avoir des reproches à leur faire, nous avons au contraire des récompenses à leur donner; un jury d'examen composé de citoyens éclairés et impartiaux a assigné les différens prix d'après les compositions présentées, et les réponses des élèves à l'exercice public, et je m'applaudis d'être son organe pour les distribuer.

*Discours de remerciement après la distribution des prix, prononcé par François Lefranc cadet, au nom des élèves des classes de langues.*

Les expressions nous manquent pour vous témoigner notre reconnoissance; quelque énergiques qu'elles fussent, elles seroient encore beaucoup au-dessous de nos sentimens; vous nous avez fait éprouver le plus grand plaisir que puissent avoir des enfans, celui de voir couronner leurs

foibles travaux par de si justes apprécia-
teurs du mérite et des talens. Nous avons un
regret, celui de ne nous être pas montrés
assez dignes de vos suffrages et de votre
estime. Nous sentons tout le prix de votre
indulgence ; et loin d'en abuser, elle sera
le plus puissant aiguillon pour nous animer
à l'étude, et nous rendre plus dignes de
vos récompenses.

Après la distribution des prix, *Claude-
Nicolas-Marie-Ferdinand* Amanton, l'un
des élèves du citoyen Rapoud, a prononcé
le petit discours suivant :

Citoyens Administrateurs,

Nous savons que c'est pour nous encou-
rager à bien faire, plus que pour récom-
penser notre mérite réel, que vous nous
distribuez des prix. Puissions - nous ne
point tromper votre espoir, et nous rendre, pendant cette année, plus dignes que
par le passé, et de votre bienveillance,
et des couronnes que vous déposez sur nos
fronts ! Ce sera l'objet de notre ardente am-
bition et de nos efforts constans.

## Discours du MAIRE d'Auxonne à la clôture de la séance de la distribution des prix.

JEUNES CITOYENS, vous êtes appellés à recueillir les fruits d'une révolution de douze années; vous paroissez sur l'horizon de la société, précisément à l'époque où tous les orages ont été dissipés, où un nouveau jour vient luire sur la France : plus heureux que vos pères, vous moissonnerez où ils ont défriché ; mais ne conservez le souvenir des excès passés, que comme des traits d'histoire destinés à vous servir de guide, afin d'éviter qu'on puisse jamais en commettre de semblables, et bénissez la main qui a tari la source de tant de calamités.

Le Gouvernement porte sur l'instruction publique une sollicitude paternelle, parce qu'il attend de la génération qui va suivre, de soutenir dignement son ouvrage, et de maintenir la gloire et la splendeur du nom Français : toute sa force est dans le respect et la confiance qu'il inspire, dans la sagesse de ses opérations, dans l'exercice de la justice et des vertus publiques et privées. Quoique jeunes encore, vous pouvez seconder les efforts de ce Gouvernement protecteur, vers la félicité publique, en pratiquant les vertus de votre âge : soyez remplis de vénération pour les auteurs de vos jours, obéissez à leurs avis, ils sont toujours ce qui convient le mieux à vos vrais intérêts : écoutez avec respect, honorez les instituteurs estimables qui se consacrent à votre instruction, et suppléent à l'éducation paternelle ; tout en vous livrant aux délassemens de votre âge, n'oubliez ni vos études, ni vos devoirs, ainsi vous remplirez l'espoir de la patrie, les bénédictions de vos familles se répandront sur vous ; ainsi vous mériterez les récompenses et les couronnes que je m'applaudis d'avoir eu à vous décerner aujourd'hui.

## *Extrait des registres des arrêtés de la Mairie d'Auxonne.*

Le 18 brumaire an 10 de la République française, heure de 10 du matin, les Maire et Adjoints de la ville d'Auxonne, réunis aux Fonctionnaires publics, civils et militaires de ladite ville, pour la célébration de la fête de ce jour, et l'inauguration du buste de Bonaparte, en la grande salle de la Mairie.

La fête ayant été dès la veille et le matin de ce présent jour, annoncée par le son de la cloche et des salves d'artillerie ; la garde nationale et la garnison de cette place étant sous les armes, sur la place de la Liberté, le cortège est sorti de la Mairie en l'ordre arrêté entre le deuxième Adjoint et le Commandant d'armes de la place et comme il suit.

Le trompette.

La gendarmerie nationale à cheval.

Les tambours.

Une compagnie de la garde nationale en bataille.

Les élèves de l'instruction publique couronnés à la séance d'hier, avec leurs couronnes.

Les autres élèves.

Leurs professeurs et maîtres.

Un premier peloton de troupes de ligne en bataille.

Les membres du bureau de bienfaisance.

Les administrateurs des hospices civils.

Les justices de paix.

Un second peloton de troupes de ligne en bataille.

Les receveurs de la régie nationale , directeurs et maîtres des postes et diligences , les inspecteur des poudres, receveur de la loterie, etc. etc.

Les ingénieur et employés de la marine.

Le tribunal de commerce.

Un premier brancard porté par quatre militaires de la vingt-troisième demi-brigade de ligne, sur lequel un *rocher* où étoit infixée une quantité de drapeaux offrant le nom de chacune des victoires remportées par Bonaparte : sur le drapeau supérieur, se lisoit le nom de *Marengo*. L'inscription étoit, *à la victoire*.

Les militaires blessés , vétérans et pensionnés.

Un troisième peloton de troupes de ligne en bataille.

Les officiers de la garnison de toutes armes.

Les officiers réformés, les employés militaires.

Groupe de musiciens, amateurs, qui ont bien voulu concourir à l'embellissement de cette fête et de musiciens artistes.

Sur un second brancard porté par quatre canonniers, entre quatre colonnes de chêne et de laurier, se raccordant dans le dessus diagonalement, et du centre desquelles pendoit, à des rubans tricolores *la couronne civique*, étoit placé le buste de BONAPARTE, exécuté par *Larmier*, professeur de sculpture, à Dijon.

L'inscription étoit, *à la reconnoissance*.

Du haut des colonnes descendoient des guirlandes aux trois couleurs, soutenues par le citoyen NICOLIN, *cultivateur*, le citoyen RUDE, *négociant*, le citoyen LOMBARD, *professeur de mathématiques* à l'école d'artillerie, et le citoyen ( STRE, officier de dragons, natif d'Auxonne, *fait officier sur le champ de bataille*, à la première campagne d'Italie.

La municipe, les chefs militaires.

2

Les commissaires de police, trésorier, voyer, secrétaire en chef.

Un quatrième peloton de troupes de ligne en bataille.

Le Conseil municipal.

Un troisième brancard porté par quatre citoyens, sur lequel étoit un globe terrestre, surmonté d'une corne d'abondance et d'étendards réunis en faisceaux, dont chacun portoit le nom d'une des Puissances amies de la France.

L'inscription étoit, *à la paix.*

Les vieillards et autres citoyens.

La compagnie d'ouvriers d'artillerie, fermant la marche.

Le cortège a défilé en cet ordre, au bruit des tambours et d'une musique militaire, par les rues *de la Paix, Jean-Jacques Rousseau, de Saône, de la Constitution;* et arrivé sur la *place de la Liberté,* les trophées et principaux Fonctionnaires publics ont été placés sur une estrade, et le buste de Bonaparte élevé sur un autel dédié *à la patrie,* au bruit des fanfares et des acclamations.

Après un roulement,

Le Maire a prononcé un discours analogue à la fête :

Les cris, *vive la République française,*
*vive Bonaparte,* ont rempli les airs, et ont
été universellement répétés avec le plus
grand enthousiasme.

Le cortège est rentré à la Mairie.

Le buste de Bonaparte a été placé, aux
acclamations unanimes, au bruit de la cloche en volée, des salves d'artillerie et des
tambours battant le pas de charge, sur une
colonne dont la base porte cette inscription
de la reconnoissance : AUXONNE A BONA-
PARTE (1).

Le Maire a posé, aux accens de l'alégresse publique, une couronne de laurier
sur le buste du héros, et déposé au bas, des
bouquets de fleurs et de fruits.

Le Maire a proposé la signature d'une
adresse au premier Consul, par lui rédi-
gée, et dont il a donné lecture.

---

(1) Un fonds d'architecture a été disposé à ce sujet en la grand'salle des séances : le buste se trouve
placé, dans une embrâsure, sur une colonne tron-
quée, d'ordre toscan, imitant, ainsi que son socle,
le marbre de Gênes. — De chaque côté s'élèvent
deux colonnes plates, de même ordre, surmontées de
trophées d'oliviers ; le tout est terminé par une guir-
lande de chêne, et supporté par une base peinte **en**
marbre du pays.

Cette adresse a été aussi-tôt revêtue de plus de deux cents signatures de citoyens de tous âges et de tous rangs, et déposée au bureau de la poste aux lettres, à l'adresse du premier Consul.

L'assemblée s'est séparée.

Trois cent trente-deux livres de pain ont été distribuées aux indigens, par les soins du bureau de bienfaisance.

Les salles de discipline militaire ont été ouvertes par les ordres du Commandant d'armes de la place ; et la chambre de détention a été ouverte aux détenus pour simples délits de police.

Deux bals gratuits ont été ouverts au public.

A trois heures les autorités civiles et militaires se sont réunies en un banquet avec les officiers de la garnison. Au dessert, un buste de Bonaparte ayant été placé au milieu de la table au son d'une musique guerrière, les toastes suivans ont été portés :

Par le Maire, *à la République française.*

Par le commandant d'armes, *à Bonaparte.*

Par le premier adjoint, *à la Paix.*

Par le second adjoint, *aux Puissances amies.*

Par le président du tribunal de commerce, *à la prospérité du Commerce.*

Par le juge de paix, *à l'union entre les Citoyens.*

Par le commissaire de police, *aux Armées.*

Par le premier adjoint, *à la constante union des Fonctionnaires publics de cette ville.*

Par un capitaine de la garde nationale, *aux Autorités civiles;* et par un juge du tribunal de commerce ; *aux autorités militaires.*

Dans les intervalles de ces toastes, des couplets à la louange de Bonaparte ont été chantés par le premier adjoint, le commandant d'armes, et le capitaine d'artillerie Caron, qui fut le premier instructeur de Bonaparte.

Chaque toaste a été suivi de fanfares, celui de Bonaparte a été porté au pas de charge.

Un *Te Deum,* solemnellement chanté dans l'église, a réuni un grand concours de citoyens ; une amateur a exécuté sur l'orgue une musique brillante.

Un très beau feu d'artifice a été tiré sur la place des Casernes , par les ordres du directeur de l'artillerie.

Illuminations générales (1), sérénades, salves d'artillerie.

Dont procès-verbal dressé le 19 brumaire an 10 de la République française.

*Signé* CL. XAV. GIRAULT , AMANTON , GILLE , et ROUSSEL , secrétaire en chef.

Par extrait : ROUSSEL , secrétaire.

---

(1) On remarquoit , parmi les illuminations , celles de la Mairie, de l'Arsenal , et des principaux Fonctionnaires publics , civils et militaires : plusieurs transparens décoroient les maisons de divers citoyens : à l'hôpital, un premier transparent dédié *à la paix ,* et placé sur la porte du local consacré aux salles militaires , représentoit un olivier contre lequel étoient appuyés des fusils et sabres en faisceaux , avec ces vers au bas :

*Elle est le fruit de la victoire ,*
*Le prix de notre sang versé dans les combats.*

Un second transparent , dédié *à Bonaparte ,* placé au-dessus de la porte de l'hospice civil , portoit cet autre vers :

*Au pauvre, à l'orphelin il rouvre des asyles.*

*Les Fonctionnaires publics, civils et militaires réunis,*

Les citoyens de la ville d'Auxonne,

## A BONAPARTE,

*Le jour de l'inauguration de son buste en la grande salle de la Mairie,*

*Dix-huit brumaire an dix.*

Pour célébrer Achille, il fallut un Homère.
Deux mots peindront nos sentimens :
Tous les Français sont tes enfans,
Ils te chérissent comme un père.

Nous sommes avec profond respect,

Vos anciens compatriotes
dévoués et fidèles,

*Signé à l'orig.* Cl.-Xav. Girault, *Maire;* Amanton, *premier Adjoint;* Guériot, *Directeur d'artillerie;* Voillot, *Commandant d'armes;* Gille, *deuxième Adjoint;* Caré, *Commissaire de police;* Roussot, *Membre du Conseil municipal;* Lombard, *idem,* et *Professeur de mathématiques à l'école d'artillerie;* Four, *Juge au tribunal de commerce;* Caire, *Notaire, Membre du Conseil municipal;* Mourez, *idem;* Bégrand, *idem;* Peltey, *idem;* Boirin, *Membre du bureau de bienfaisance;* Besson, *Président du tribun. de commerce;* Guiard, *Receveur de l'enregistr.* Finot, *Huissier;* Serdet, *Juge de paix;* Morizot, *Chef de bataillon;* Frantin, *Administrateur des hospices;* Lardillon fils, *Membre du Conseil municipal;* Saunier, *Officier de santé des hospices;* Noblet, *Juge au tribunal de commerce;* Malot, *Membre du Conseil municipal;* Mayennet, *Vétéran;* Humbert, *Greffier du tribunal de commerce;* Garnier, *ex-Maire, Administrateur des hospices;* Jourdain, *Assesseur du Juge de paix;* Lardillon père, *Directeur des postes;* Lagrange, *Assesseur du Juge de paix;* Rossigneux, *Administrateur des hospices;* Regne, *Contre - Maître de la marine;* Bizot, *Membre du Conseil municipal;* Astier, *Chef de bataillon;* Caron, *Capitaine d'artillerie, SON PREMIER INSTRUCTEUR;* Darceau, *Assesseur du Juge de paix;* Demoisy, *Trésorier de la ville et des hospices;* Blanc, *Contre-Maître de la marine;* Conte, *Membre du bureau de bienfaisance;* Trécourt fils, *Secrétaire-Écrivain de la place;* Simard, *Capitaine;*

Barollet, *Chef d'escadron* ; Rapoud , *Professeur des classes de langues* ; Moret ; Thomas, *Capitaine d'artillerie* ; Caubert ; Prudhomot, *Capitaine* ; Nicollin, *Assesseur du Juge de paix* ; Radepont, *Juge au tribunal de commerce* ; Vernier, *Lieutenant d'artillerie* ; Feiber, *Capitaine à la* 23ᵉ. *demi-brigade de ligne* ; Barbier, *Lieutenant* ; Noirot ; Fourcaut ; Gaulard ; Collin, *Huissier* ; Perrier, *Capitaine d'artillerie* ; Muller, *idem* ; Vitte, *Capitaine* ; Puchot, *Capitaine des portes* ; Begrand cadet ; Bonnot, *Vétéran* ; Maquet aîné , *Ingénieur de marine* ; Maître ; Cêtre, *sous-Lieutenant de dragons* ; Maréchal, *Capitaine à la* 10ᵉ. *demi-brigade* ; Patin ; Gille, *Membre du Conseil municipal* ; Fougerouge, *Greffier de la justice de paix, intrà muros* ; Joli, *Préposé du payeur de la guerre* ; Perret ; Boulanger, *ex-Chef de bataillon* ; Biaute, SON TAILLEUR ; Gavignet, *Commandant la garde nationale* ; Belchamp, *Garde-magasin de l'arsenal* ; Moreau, *ex - Commissaire des guerres* ; Thiéry ; Gaitelet cadet ; Frion, *Garde - magasin d'artillerie* ; Gojon ; Leclerc, *Chef des ouvriers vétérans* ; Mainheulle ; Finot fils ;

Mathey fils, *Surnuméraire de la régie des domaines;* Jacob, *Tambour-major d'artillerie;* Faucillon; Benoît, *Capitaine d'artillerie;* Blondel, *Membre du Conseil municipal;* Humbert fils aîné ; Paperet; Rigollot; Bersonnet aîné ; Voituret ; Roussel fils, *Commis aux bureaux de la Mairie;* Morel, *Receveur de la loterie;* Bergere, SON CORDONNIER; Najotte, *Lieutenant à la* 23ᵉ.; Chavant; Gaitelet aîné ; Chevalier; Menubois; Pététin; Gelé; Tournouer, *Membre du Conseil municipal;* Bienaimé; Christian, *Maréchal-des-logis chef;* Rambaut; Naudin; Guillenet; Macherat, *ex-Capitaine;* Faraguet, *ex-Quartier-Maître;* Labalme; Franchet; Achard; Paget; Faure; Luce; Chenot; Lamotte fils; Lavilette; Méri; Tournouer aîné ; Conte fils, *Suppléant au tribunal de commerce;* Gaitelet; Luquet, *Greffier de la justice de paix, extrà muros;* Tournouer, *Commis aux bureaux de la Mairie;* Luquet aîné ; Sigault; Blanchard; Pariaux; Naijeon; Berthiaux; Crisabre; Raveneau; Nime; Soulier; Ferdinand Amanton; Gavet; J. B. Gille; Loquin; J. B. Bresset; Sivri; Pingeon; Brunette; Renaudot; Rousseau;

Tisserandet ; Lavrue ; J. B. Cayet ; Dabin ;
Tranchant ; Pierre Maitrot ; Gautet ; Cre-
vais ; Pierre Guenot ; Henri, *Trompette ;*
Bataille ; Baudrot ; André ; Baudrant ; Ra-
vaillon ; Charrier ; Giroux , *ex-sous-Lieu-
tenant ;* Naisse ; Lanaud ; Dauvergne ; Ar-
denne ; Fleutelot ; Vallin ; Tisserandet ;
Gastinel ; Leroi , *Lieutenant ;* Micout ;
Bossu ; Prequin ; Lecler ; Ant. Maitrot ;
Ant. Leroux ; Surret ; Blondel, *ex-Officier
de l'état-major de Kléber;* L. Duborgia ;
Pilard ; Fourney ; Pouget ; Chapuis ; Ge-
maux , *d'Athey;* Mercier, *Percepteur des
contributions ;* Barbier ; Pertuis ; Maréchal ; Guignot, Vadot ; Baranger ; Paget
aîné ; Cl. Maitrot ; Monin ; André Lanaud ;
Jullien ; Lautier , *Receveur des domaines
nationaux;* Mussot ; Babon ; Leroux puîné ;
Cl.-Et. Lanaud ; Corette , *Instituteur;* Mer-
me ; Demartinécourt ; Pruneret ; Roussel ,
*Secrétaire en chef de la Mairie.*

*DISCOURS du MAIRE d'Auxonne, prononcé sur la place publique, le 18 brumaire an 10, jour de l'inauguration du buste du premier Consul.*

La victoire, BONAPARTE et la paix : Auxonne, l'attachement et la reconnoissance : tels sont les rapports sous lesquels nous célébrons aujourd'hui cette fête.

La gloire a publié le nom de Bonaparte dans les quatre parties du monde : l'Europe et l'Afrique retentissent encore de l'éclat de ses victoires ; et désormais les Empires vont se reposer de leurs longs bouleversemens, dans les loisirs de la paix, ravis d'admiration pour le héros qui la procure.

De tous les points de la grande République, s'élèvent en ce moment des concerts de louanges envers l'homme immortel qui, marquant tous ses actes au coin de la félicité publique, a su ramener en France, après douze ans d'orages, le calme et les douceurs de la paix.

Mais deux villes dans l'Empire français,

( 29 )

se glorifient d'avoir à ajouter aux sentimens publics, ceux de leur affection particulière pour ce jeune héros : *Ajaccio*,
qui doit s'enorgueillir de lui avoir donné
naissance ; *Auxonne*, qui est fière d'avoir
été le *berceau militaire* de cet illustre
guerrier.

Oui, citoyens, Bonaparte a fait ses pre-
mières armes dans cette place; *il s'instru-
isoit ici à forcer la victoire* (1) : dès-lors il
s'y faisoit remarquer par une ardeur infa-
tigable au travail, par sa passion pour
l'étude ; et dès-lors aussi ceux avec qui ses
occupations lui donnoient des relations
plus fréquentes, lui présageoient de hautes
destinées (2).

Vous aimez à vous rappeller avec atten-

---

(1) Inscription qui devoit être placée à la porte
du Jura, lors du retour du *Vainqueur de Marengo;*
mais Bonaparte prit la route de Lyon.

(2) Le citoyen Lombard père, savant professeur
de Mathématiques à l'école d'artillerie d'Auxonne,
disoit souvent, en parlant de Bonaparte, aux chefs
de l'artillerie : *ce jeune homme ira loin.* Le Commandant d'école, Pierre Duteil, le citoit aux autres officiers pour modèle, en ces termes : *Messieurs,
voyez Bonaparte.*

drissement toutes les circonstances des
temps où ce grand homme habitoit cette
ville : la révolution étoit à son aurore ;
Bonaparte revenoit d'Ajaccio dans sa se-
conde patrie, accompagné du plus jeune
de ses frères (1) ; il avoit puisé dans la
société des Corses de vastes idées en révolution, qu'il savoit adapter avec sagacité
à la révolution de France ; il ne craignoit
pas de développer hautement son opinion,
conversoit fréquemment des affaires politiques, et toujours avec enthousiasme : nous
mêmes avons été souvent témoin de partie
de ces entretiens familiers sur la chose publique ; et nous l'avons tous vu fraterniser
avec nous à ce premier élan du civisme,
qui donna lieu au banquet civique entre
la garnison de la place (2) et la garde nationale de cette ville.

Ces traits ne s'effaceront jamais de la
mémoire des Auxonnois ; ils se conservent

---

( 1 ) Louis Bonaparte, à l'éducation duquel il don-
noit lui-même, et faisoit donner des soins particuliers.

(2) Le régiment d'artillerie de la Fère, aujour-
d'hui premier régiment d'artillerie à pied, où Bonaparte étoit Sous-lieutenant.

aussi au souvenir du premier Consul (1) :
votre arsenal rétabli (2) ; votre école définitivement conservée (3) ; de nouveaux éta-
blissemens militaires (4) fixés dans vos murs,
sont des preuves non équivoques de l'at-
tention que Bonaparte porte sur cette ville.
Mais suivons ce héros dans la carrière qu'il
a parcourue depuis qu'il a quitté cette
commune : vous entretenir de lui, citoyens, c'est remplir le vœu le plus cher
à vos cœurs.

(1) Tous les officiers de cette ville, qui ont fait
partie des armées commandées par Bonaparte, peu-
vent dire combien ils en furent accueillis, et avec
quel intérêt il leur demandoit des nouvelles d'Auxonne et de tous ceux qu'il y avoit connus : on pourroit
citer à ce sujet les généraux Manscour et Mignotte.

(2) Il avoit été arrêté en projet par le Directoire
de tranférer l'arsenal d'Auxonne à Rennes : déja les
chefs d'ouvriers, les outils mêmes y avoient été en-
voyés ; le maintien de l'arsenal à Auxonne est un des
premiers actes du gouvernement consulaire.

(3) On balançoit pour supprimer l'une des deux
écoles de Besançon ou d'Auxonne : une lettre vient
d'annoncer que l'école d'Auxonne étoit conservée.

(4) Par arrêté du mois de pluviôse 9, un des principaux dépôts d'armes a été fixé à Auxonne, et les ordres sont donnés pour la prompte construction d'une
salle d'armes en cette ville.

Les victoires de Millésimo (1), Lodí, la
Favorite, Arcole, marquèrent ses premiers
pas dans la carrière de la gloire ; le Pô, la
Piave, le Tagliamento ne retardent point
sa marche victorieuse, il pénètre à travers
les neiges et les rochers du Tyrol, s'avance
jusqu'à vingt lieues de Vienne, à Leoben,
où il conclut la première suspension d'armes, et signe l'érection de la République
cisalpine ; cet armistice se convertit en
traité de paix à Campoformio, et un congrès s'assemble à Radstat pour arrêter une
paix définitive avec les co-états du vaste
empire germanique.

Tout sembloit pacifié sur le continent,
Bonaparte quitte le congrès, et marche
aux autres ennemis de la France. Il passe

_____

(1) Depuis Paris Bonaparte avoit marqué le champ
de *Millésimo* pour sa première victoire. Nous tenons
d'un officier, notre compatriote, (le citoyen Bertrand,
chef d'escadron de gendarmerie nationale) à qui le
hazard procura l'honneur de descendre le Rhône sur
le bateau de *Bonaparte* allant prendre le comman-
dement de l'armée d'Italie, que ce général lui dit en
le quittant : *dans un mois vous entendrez parler de
l'armée d'Italie, elle sera **** complètement victorieuse.*

en Égypte, la prise de Malthe signale sa route; il aborde cette terre antique, s'empare du Caire, d'Alexandrie, gagne les batailles de Rhamanié, de Sediman, du Mont-Thabor, et *du haut des pyramides quarante siècles le contemplent* (1) vainqueur.

Livré seul aux ressources de son génie, il se maintient en possession de cette ancienne patrie des sciences et des arts; et tandis qu'un institut s'occupe de les y faire refleurir, Bonaparte, par la sagesse de son gouvernement, se fait respecter, admirer, chérir des différens peuples qui habitent cette contrée; ils l'appellent *le successeur d'Alexandre, le favori de la Victoire;* et par honneur décernent à *ce chef des braves de l'occident,* le surnom du *gendre du Prophête.*

*Aly-Bonaparte* ramenoit en Égypte le siecle heureux des Ptolemées, lorsqu'il apprend que le congrès de paix est dissous, qu'un conquérant du nord a détruit tout le fruit de ses victoires, et ose menacer les

_____

(1) Expression de Bonaparte à son armée, avant le combat.

3

frontières de sa patrie : soudain il repasse
les mers , et revole à Paris , recueillant
dans sa route l'espérance et les bénédictions des Français.

Mais écoutons Bonaparte lui-même tra-
cer de main de maître, à cette époque, le
tableau de la France aux gouvernans :

« Dans quel état , dit-il , j'ai laissé la
» France, et dans quel état je la retrouve !
» je vous avois laissé la paix , et je retrouve
» la guerre ! je vous avois laissé des conquê-
» tes, et l'ennemi passe vos frontières ! j'ai
» laissé vos arsenaux garnis , et je n'ai pas
» trouvé une arme ! vos canons ont été
» vendus , le vol a été érigé en systême ,
» les ressources de l'état sont épuisées : on
» a eu recours à des moyens vexatoires
» réprouvés par la justice et le bon sens ,
» on a livré le soldat sans défense. Où
» sont-ils , les braves , les cent mille cama-
» rades que j'ai laissés couverts de lauriers?
» que sont-ils devenus ? » . . . . .

Ce fut dans ces circonstances qu'arriva ,
il y a deux ans, le 18 brumaire, journée
mémorable , dont nous célébrons aussi
l'heureux anniversaire ; journée célèbre à
jamais, et qui véritablement a sauvé la

République, en remettant les rênes du gouvernement français aux mains dignes de
les porter.

Sous le gouvernement consulaire on vit
bientôt les factions étouffées, la Vendée
s'éteindre, la confiance et le crédit renaî-
tre sous les auspices d'une meilleure constitution : un code civil rédigé, le commerce revivifié, l'ordre se rétablir dans
toutes les branches de l'administration,
des loix sages fermer les plaies de la révolution, et nous présager l'aurore de la félicité publique.

Mais l'ennemi extérieur restoit à vaincre
de nouveau : une armée formidable se for-
me, en un clin d'œil, dans nos plaines de
la Côte-d'Or ; sous les ordres de Bonaparte,
elle franchit les distances avec la rapidité
de l'éclair ; comme César, elle s'ouvre un
chemin dans les Alpes, passe le Tésin et le
Pô, s'empare de Bard, Stradella, Crémone
et Milan, marche à la rencontre de l'ennemi, l'atteint à Marengo, et remporte sur
lui cette victoire la plus mémorable de toutes, dont les fruits sont la reprise de l'Italie
entière, et la signature des préliminaires
de paix. Cette campagne brillante fut l'ou-

vrage de vingt jours ; Bonaparte revole à Paris couvert des lauriers de la victoire ; son premier mot est de demander si l'on a bien fait de l'ouvrage pendant son absence ? et son plus bel éloge sort de toutes les bouches par cette réponse simple et sublime, *pas autant que vous, Général.*

Pendant ce temps, agissant de concert sur un autre point, Moreau gagne la fameuse bataille d'Hohen-Linden, et conduisant sa brave armée sur la route de Vienne, ne s'arrête qu'à la présentation d'un traité qui ramène à l'exécution de celui de Campoformio.

Par ce traité, définitivement arrêté à Lunéville, un royaume est fondé en Étrurie, les Républiques ligurienne, cisalpine, batave, helvétique, sont reconnues, la France obtient enfin le Rhin pour limites. Mais tout cela n'étoit point assez pour Bonaparte, tant qu'il restoit un ennemi à la France : toutes ses vues se reportent aussitôt du côté de la mer, des flottes s'équipent, des préparatifs immenses menacent les côtes britaniques, .... cependant au milieu de ces apprêts, des négociations sont ouvertes, et l'Angleterre et la France

signent un traité de paix, aux cris d'alégresse de ces peuples rivaux, aux applaudissemens universels de ces deux puissan-
tes nations.

Le Portugal, le Pape, le Czar, le Grand
Sultan concluent aussi leurs traités de paix
et bonne intelligence avec la République
française : enfin, graces à vous, armées in-
vincibles ! graces à vous, homme immortel, dont le génie plane sur la France ! Le
peuple français, qui n'aguère se voyoit
lutter seul contre toutes les puissances de
l'Europe, aujourd'hui, dans tout l'univers, ne compte plus un seul ennemi.

Tels sont, citoyens, les véritables pro-
diges opérés par Bonaparte en moins de
deux années : c'est cet apogée de sa gloire et de la nôtre que tous les Français
célèbrent ; la fête de la paix générale est
en même temps pour tous la fête du bonheur.

Mais nous particulièrement, habitans
d'Auxonne, ajoutons aux sentimens de
tous les Français pour Bonaparte, ceux
de notre reconnoissance particulière, et
de notre affection pour ce héros, jadis
notre compatriote.

Rappellez - vous, citoyens, ce jour (1)
où le vainqueur de Marengo passa par
cette ville : du moment où il l'apperçut,
on remarqua une joie douce se manifester
sur son visage ; il arriva dans ces murs avec
la sérénité d'un père qui rentre dans sa
famille : affable, accessible à tous, cher-
chant à reconnoître ceux avec lesquels il
avoit eu quelques relations ; les prévenant
lui-même (2), les accueillant avec bonté (3),

---

(1) Le 18 floréal 8 ne s'oubliera jamais à Auxonne.

(2) Il reconnut et appella à lui le cit. Lombard,
professeur de mathématiques à l'école d'artillerie depuis le décès de son père, causa familièrement avec
lui, etc. etc.

(3) Deux traits serviront à peindre la candeur et
la sérénité du premier Consul à Auxonne.

Il conversoit seul avec le général Dupont, dans un
cabinet en face d'une grande salle, toutes les portes
ouvertes : un artiste qui lui avoit donné des leçons
de musique, ayant actuellement la vue très foible,
s'avança jusque sur eux, et s'adressant à Bonaparte
lui-même, lui demanda où étoit le premier Consul?
celui-ci souriant, lui dit : *demandez au général*, dé-
signant de la main le citoyen Dupont, *il vous le di-
ra*. Le musicien, se retournant, fit la même demande au général Dupont, qui lui répondit : *vous venez
de lui parler*, voilà le premier Consul. Alors l'artiste

s'informant des autres avec des signes d'intérêts (1). Il se plaisoit à se retrouver dans Auxonne; il aimoit à contempler les lieux qu'il y avoit habités (2); il y éprouvoit cette douce jouissance, toujours mieux sentie qu'on ne peut l'exprimer; cette sensation, vous l'éprouvez en ce moment, citoyens,

s'excusant fut accueilli avec bonté par Bonaparte, qui lui dit qu'il se rappelloit parfaitement de lui, lui demanda ce qu'il faisoit actuellement, etc. etc.

Le citoyen *Jean*, chef de bataillon d'artillerie, devenu aveugle par l'effet d'un boulet de canon, fut présenté au premier Consul, conduit par son neveu. Bonaparte embrassa cet officier avec effusion de cœur, et lui dit : vous êtes bien malheureux de n'y plus voir. — J'en sens aujourd'hui toute la privation. — Quel est ce jeune homme ? — Mon neveu, qui est conscrit. — Qu'il reste avec vous. Jeune homme, ayez bien soin de votre oncle, et je vous donne votre congé.

(1) Le premier Consul s'informa de Madame Pillon, octogénaire (depuis devenue aveugle), veuve du Maréchal-de-Camp de ce nom, Commandant d'artillerie à Auxonne en 1789 et 1790, et lui fit dire qu'il auroit desiré pouvoir aller la voir.

(2) Son premier mot en entrant dans la salle basse de la Direction, fut de dire avec satisfaction qu'il y avoit fait bien des *lotos*. C'étoit effectivement le seul jeu qu'il se permettoit pour délassement.

où je suis assez heureux pour avoir à vous entretenir de Bonaparte.

C'étoit alors un beau spectacle à Auxonne, d'y voir d'un côté le chef du Gouvernement sans appareil, sans faste (1) ; et de l'autre, les Auxonnois, ravis d'alégresse, se presser sur son passage, pour pouvoir le contempler plus long-temps, élevant au ciel des vœux pour sa prospérité, répétant les acclamations sur ses pas, remplissant les airs de leurs bénédictions ! Ce n'étoit point ce respect mêlé de crainte envers un chef, c'étoit le pur sentiment d'affection (2) et de sollicitude d'enfans qui revoient leur père aller pour eux s'exposer à de nouveaux dangers, et qui tremblent pour sa précieuse existence (3). Oui, les Auxonnois re-

---

(1) Vêtu du costume de Conseiller d'Etat.

(2) Lorsque Bonaparte parut à la descente de sa voiture, le peuple qui l'entouroit, s'ouvrit de lui-même pour livrer un libre passage ; on eût dit qu'il craignoit seulement de le froisser ; et Bonaparte sourioit aux expressions populaires d'intérêt qu'il ne cessa d'entendre et répéter sur ses pas.

(3) Voyez n°. 16 du journal de la Préfecture, l'adresse de la Mairie d'Auxonne au premier Consul, sur les attentats du 3 nivôse. Voyez au surplus les

voyoient vraiment leur père, leur compatriote, leur ami....... Pardonne, *illustre Consul!* ces expressions de nos sentimens s'adressent à Bonaparte qui jadis habitoit parmi nous.

Reçois, ô le plus grand des héros! un monument durable de l'affection des habitans d'Auxonne : ils t'ont surnommé LE PÈRE DE LA PATRIE (1); c'est le titre dont ils se plaisent à qualifier leurs bienfaiteurs ; mais permets encore que ton effigie soit, à perpétuelle demeure, honorablement placée parmi eux. Puisses-tu, pour notre bonheur, être immortel comme ta réputation ! C'est le vœu de tous les Français, mais sur-tout de tes concitoyens de la ville d'Auxonne, tes vrais et fidèles amis : ils satisfont aux besoins de leurs cœurs, lorsqu'ils répètent, avec enthousiasme, cette acclamation, devenue le cri de l'alégresse publique :

*Vive la République française! vive Bonaparte!*

---

numéros du journal de la Côte-d'Or, aux dates des 20 floréal et 15 messidor 8.

(1) Voyez l'adresse du Conseil municipal, à sa session de pluviôse an 9.

*Couplets chantés au banquet du 18 brumaire an 10, par le cit. Amanton, premier Adjoint au Maire.*

AIR : *Le Curé de Dole.*

Gloire à Bonaparte !   ( *bis.*)
Il nous a donné la paix ;
Qu'il vive , vive à jamais !
Vive Bonaparte !   ( *bis.* )

Chantons Bonaparte,
Avec le Turc et l'Anglais ,
Le Russe et le Portugais,
Chantons Bonaparte.

Comme par miracle ,
Des Français , les ennemis
Sont devenus leurs amis,
Comme par miracle.

Jusqu'au bout du monde ,
Le nom du héros Français
Vole , avec celui de paix ,
Jusqu'au bout du monde.

Guerriers vénérables,
Les souvenirs de vos faits,
Du grand œuvre de la paix ,
Sont inséparables.

Braves militaires ,
De nos cœurs reconnoissans ,
Vous entendez les accens ,
　Dans le bruit des verres.

Oubliant la guerre ,
Dans les douceurs de la paix ,
Reposons-nous désormais ,
　Oubliant la guerre.

Puisqu'à cette table ,
La paix nous a réunis ,
Faisons fête au vin de Nuits ,
　Ce nectar aimable.

Sans qu'on s'en écarte ,
Que chacun , le verre en main ,
Par un mouvement soudain ,
　Boive à Bonaparte.

## COUPLETS *chantés par le cit.* Voillot, *Commandant d'Armes.*

Air : *Chacun avec moi l'avouera.*

CÉLÉBRONS ce jour où la paix
Plane lentement sur la terre,
Et que l'olivier désormais
Remplace nos foudres de guerre.
Dans peu l'Univers apprendra,
Des savans et des politiques,
Que la France à jamais sera
La plus belle des Républiques.

Français, montrons-nous aussi grands
Que nous le fûmes dans la guerre ;
Car, de tous les gouvernemens,
Le meilleur est le consulaire.
Comme lui, soyons généreux,
En imitant sa tolérance :
Nous lui devons, ainsi qu'aux Dieux,
Toute notre reconnoissance.

O toi ! qui tiens le premier rang,
De l'Europe reçois l'hommage ;
De tous les héros le plus grand,
Tu deviens aussi le plus sage.
Tes mains du temple de Janus
Soudain ont refermé les portes :
Mars est délaissé pour Momus,
A le fêter tu nous exhortes.

*COUPLET chanté par le cit.* Caron, *Capitaine d'artillerie, premier Instructeur de* Bonaparte *à Auxonne.*

Air :

INTRÉPIDES, vaillans et généreux guerriers,
Les Français sont allés recueillir des lauriers
Jusque sur les débris de la célèbre Sparte :
Jouissons à présent du fruit de nos travaux,
 La paix doit faire oublier tous les maux,
  Et chérir Bonaparte.

www.ingramcontent.com/pod-product-compliance
Lightning Source LLC
LaVergne TN
LVHW022036080426
835513LV00009B/1084